Carl Maria von Weber

Mass in E♭/Messe in Es

J224

for SATB chorus, soloists and orchestra

Edited and with a keyboard reduction by
Herausgegeben und mit einem Klavierauszug versehen von

CLIVE BROWN

Contents · Inhalt

Kyrie 1
Gloria 9
Credo 21
Offertorium 33
Sanctus 42
Benedictus 48
Agnus Dei 51

FABER *ff* MUSIC

Orchestra

2 Flauti

2 Oboi

2 Clarinetti

2 Fagotti

2 Corni

2 Trombe

Timpani

Violini

Viole

Violoncelli

Bassi

Duration *c.* 35 minutes
Spieldauer ca. 35 Minuten

Full score on sale 0 571 51379 4
Parts available on hire

This edition © 1993 by Faber Music
First published in 1993 by Faber Music Ltd
3 Queen Square London WC1N 3AU
Music processed by Barnes Music Engraving Ltd
Printed in England by J.B. Offset Ltd
All rights reserved

Preface

Although Saxony was a predominantly Protestant state, the Elector Friedrich August I 'the strong' (der Starke), with an eye on the Polish crown, had converted from Lutheranism to Catholicism in 1697. His son, Friedrich August II, followed his father's example in 1712 and commissioned the Roman architect Gaetano Chiaveri to build the grandiose Hofkirche which was connected to the royal palace by a small bridge. After its completion in 1754, all the court's religious services were held there; masses were regularly performed in the capacious organ gallery at the west end of the nave with a full orchestra and a choir which, until the middle of the 19th century, included castrato voices. During Weber's time the principal soprano castrato was Giovanni Sassaroli and it was with his voice in mind that Weber wrote the prominent solo part in the Offertorium and Benedictus of the Mass in Eb. In December 1818 Weber informed his close friend Johann Gänsbacher, who had been commissioned to write a mass for the Dresden court, that to please the king it was essential to include a solo for Sassaroli, saying of him 'excellent in elaborate music; lungs like a horse. Don't forget to give him an f" or g" to sustain *ad lib*. He's best between g' and a" or b" '. About the vocal forces in general, however, he was not complimentary, observing 'The singers are Italians, so never too secure, therefore everything should be as singable as possible. The alto is a dog'. In general, Weber advised Gänsbacher that his mass should not be too long (to avoid wearying the king), that the court liked a *galant* style and that sudden contrasts and rapidly shifting harmony would be ineffective in the resonant Hofkirche.

Weber's Mass in E flat was one of the first major works composed after his appointment as Kapellmeister in Dresden in 1817. An entry in his diary records that he began the composition on 4 January 1818 and a note at the end of the autograph score states: 'finished the 23 February 1818 in Dresden and dedicated to the celebration of our exalted monarch's nameday, for which purpose the Mass was performed for the first time the 8 March in the royal Hofkirche'. The Offertorium, for insertion between the Credo and Sanctus, was written during the week after the completion of the rest of the Mass; the separate autograph score records, in Weber's hand, that it was finished on 1 March.

In correspondence with a Berlin friend, the zoologist and musician Hinrich Lichtenstein, shortly after the Mass had been performed, Weber remarked that its composition was part of the routine labour of a Saxon Kapellmeister, but it was one which he (a devout Catholic) gladly undertook, observing that he did not want to write anything 'common or mediocre'. In a subsequent letter he added that the Mass 'came wholly from my heart and is the best that I can do'. He also gave Lichtenstein an account of the warm reception of the Mass, writing:

> The general sensation and involvement that it aroused was a beautiful reward and I could be gladdened by the diamond ring which the king caused to be given me because no previous Kapellmeister in his service had a similar honour to gladden him.

The Mass was reviewed shortly afterwards in the Leipzig *Allgemeine musikalische Zeitung* by A.P.Bennelli, a pupil of Padre Martini, who commented:

> Among the numerous masses by outstanding masters of our time I hardly know one in which are united such expressive melodies with such individual and excellent harmony, such solemn and spiritual devotion with such brilliance of modern music, so much significant seriousness with such burning genius; and I also do not know one that could outdo it in these united points or as a whole.

Weber directed the Mass three times in Dresden and it was performed in a few other places within a short time of its composition, but it remained unpublished and largely unknown for many years after his death. Later in the 19th century the work was published by Novello and Richault, but neither of these printed editions included the Offertorium, which is published here for the first time.

Performance

Although Weber's autographs present few difficulties with regard to the notes, they are quite inconsistent and unclear in phrasing, articulation and dynamics. Two surviving copyist's scores, although signed by Weber, provide no help in resolving the inconsistencies and ambiguities of the autographs; they contain no corrections or amplifications of the musical text and, in general, they either reproduce the dubious readings of the autograph exactly or introduce further inconsistencies. The vocal score does not distinguish between Weber's markings and editorial modifications; these are shown in the full score or listed in the critical commentary. Performance practice issues are discussed at some length in the preface to the full score, but a few points with particular relevance to the vocal score warrant inclusion here.

Occasionally Weber wrote a slur in a vocal part joining two notes sung to different syllables (eg. Gloria b.114, Benedictus b.16, Agnus Dei b.11). This was probably the result of oversight, but it may have been intended as a sign for *portamento* (not necessarily, however, an obtrusive slide) - there are several similar slurs over two syllables in the autograph of *Der Frei-schütz*. Such slurs between syllables are also fairly frequent in Rossini's autographs where they give every indication of being deliberate.

Weber's use of dynamic marks was erratic. He often mixed *f* and *ff* or *p* and *pp* where he clearly did not intend a distinction, and he frequently missed out dynamic markings where they ought to have been present. Sometimes he repeated them where they are unnecessary. In many places where voices and orchestra are doubled, dynamics occur in the orchestral parts but not in the voice parts. The unnecessary repetition of *f* or *ff* seems occasionally to imply that Weber wanted an individual part to come prominently through the general texture or to receive special emphasis at that point; sometimes he incongruously marked *f* within an *ff* passage, apparently also with the intention of reinforcing the dynamic in that part.

Weber's aversion to singers' mutilation of the melodic line by the addition of improvised embellishments is well documented. It seems highly probable, however, that he objected rather to over ornamentation than to any modification of the written notes. He is likely tacitly to have accepted the practice, virtually universal at that period, of turning certain note repetitions into appoggiaturas (eg. Benedictus b.13, 29) whether or not he indicated a small-note appoggiatura (as in Benedictus b.31). In two places it seems possible that he might have expected an embellishment or cadenza (Offertorium b.41 and Benedictus b.33), perhaps along these lines:

Along with most composers of this period Weber's use of small-note ornaments is imprecise. A crossed quaver need not necessarily indicate a very short note, though it is often likely to do so. All short ornaments, including three note turns written before a note, were probably intended to be performed on the beat, in accordance with the practice of Weber's teacher Vogler. Suggested realizations are included as footnotes within the music.

As explained in the full score, Weber does not seem to have wanted a continuo part, although some sacred music of this period still required one. The keyboard reduction is conceived primarily for piano, and for rehearsal purposes. When no orchestra is available, performance of the mass with organ accompaniment provides an effective alternative. Organists should, at their own discretion, redistribute or expand the given reduction to make use of the pedals.

For full Introduction, Critical Commentary and source details please refer to the Full Score.

Clive Brown

Vorwort

Obwohl Sachsen hauptsächlich protestantisch war, konvertierte im Jahr 1697 der lutheranische Kurfürst Friedrich August I, bekannt als 'August der Starke', in der Hoffnung auf den polnischen Thron zum Katholizismus. Friedrich August II folgte 1712 dem Beispiel seines Vaters und beauftragte den römischen Architekten Gaetano Chiaveri mit dem Bau der prunkvollen Hofkirche, die mit dem königlichen Schloß durch eine kleine Brücke verbunden wurde. Nach Vollendung des Bauwerks im Jahre 1754 fanden alle Gottesdienste des Hofes dort statt. Auf der geräumigen Orgelempore an der Westseite des Kirchenschiffes wurden mit großer Vokal- und Instrumentalbesetzung regelmäßig Messen aufgeführt. Im Chor sangen bis zur Mitte des neunzehnten Jahrhunderts auch Kastraten. Bedeutendster Sopranist seiner Zeit war Giovanni Sassaroli, für den Weber die exponierten Soli im Offertorium und Benedictus seiner Messe in Es schrieb. Als Johann Gänsbacher im Dezember 1818 den Auftrag erhielt, eine Messe für den Dresdner Hof zu komponieren, instruierte Weber seinen guten Freund, es sei wichtig, um den König zufriedenzustellen, ein Solo für Sassaroli

einzubauen, der "vortrefflich in großartigen Gesang" sei und "Atem wie ein Pferd" habe. Weiter bemerkte er: "Vergiß nicht, ihn ein F" oder G" ad libid. aushalten zu lassen. Von G bis A" H" bewegt er sich am besten". Über die anderen Sänger machte Weber jedoch keine Komplimente: "(Sie) sind Italiener, also nie recht fest, daher alles so sangbar wie möglich. Der Alt ist ein Hund". Außerdem schrieb er seinem Freund, daß, um den König nicht zu langweilen, die Messe nicht zu lang geraten dürfe, daß am Hofe ein galanter Stil beliebt sei und daß abrupte Kontraste und rasche Harmoniewechsel in der halligen Hofkirche nicht wirkten.

Die Messe in Es ist eines der ersten größeren Stücke, die Weber komponierte, nachdem er 1817 als Kapellmeister nach Dresden berufen worden war. Einer Tagebuchnotiz zufolge begann er mit der Komposition am 4. Januar 1818, und die autographische Partitur schließt mit dem Eintrag: "Vollendet d. 23 Februar 1818 in Dresden und der Feyer des Namenstages unsres erhabenen Monarchen geweiht, zu welchem Zwekke die Messe auch d. 8t März zum 1t Male in der Königl. Hofkirche aufgeführt wurde". Das Offertorium, das zwischen

Credo und Sanctus eingefügt wird, schrieb er eine Woche nach den übrigen Teilen, und eine handschriftliche Notiz Webers in diesem Autograph vermerkt, daß die Arbeit an der Partitur am ersten März abgeschlossen wurde.

Seinem Freund Hinrich Lichtenstein, einem Berliner Zoologen und Musiker, schrieb Weber kurz nach der Aufführung, daß die Komposition eines solchen Werkes zur Amtspflicht eines sächsischen Kapellmeisters gehöre, der er als gläubiger Katholik aber gern nachgekommen sei, und daß er nichts "Gewöhnliches oder Mittelmäßiges" habe schaffen wollen. In einem späteren Brief fügte er hinzu, "(die Messe) kam ganz aus meinem Herzen und ist das Beste, was ich geben kann". Er berichtete Lichtenstein auch von der freundlichen Reaktion des Publikums:

> Die allgemeine Sensation und Theilnahme, die sie erregt, war mir ein schöner Lohn, u. der Brilliantring, den mir der König übergeben liess, konnte mich deshalb erfreuen, weil vor mir keiner in seinen Diensten stehender Kapellmeister sich einer ähnlichen Auszeichnung zu erfreuen hatte.

Die Messe wurde kurze Zeit später in der Leipziger *Allgemeinen musikalischen Zeitung* von A.P.Bennelli, einem Schüler Padre Martinis, besprochen:

> Ich kenne unter den zahlreichen Messen ausgezeichneter Meister unserer Tage kaum einige in welchen so ausdrucksvolle Melodien mit so eigenthümlicher und trefflicher Harmonie, so feirlich und kirchlich Andacht mit solchem Glanz der neueren Tonkunst, so viel bedeutsamer Ernst mit solch feuriger Genialität verbunden wären, und auch nicht eine, welche diese in diesen vereinigten Punkten und im Ganzen genommen, überträfe.

Dreimal dirigierte Weber seine Messe in Dresden, und auch in einigen anderen Städten fanden kurz nach ihrer Entstehung Aufführungen statt. Aber das Werk wurde nicht verlegt und blieb noch viele Jahre nach Webers Tod weitgehend unbekannt. Später im 19. Jahrhundert druckten sowohl Novello als auch Richault das Werk, aber keine dieser Ausgaben enthielt das Offertorium, das hier zum ersten Mal veröffentlicht wird.

Aufführungspraxis

Die Autographen bereiten zwar, was den reinen Notentext betrifft, kaum Probleme, aber weisen doch recht häufig Ungereimtheiten bei Phrasierung, Artikulation und Dynamik auf. Obwohl von Weber unterzeichnet, tragen auch die beiden erhaltenen Abschriften nichts zur Klärung von Unvereinbarem und Zweideutigem bei, bieten weder Korrekturen noch Ergänzungen, sondern geben im allgemeinen auch zweifelhafte Passagen der Autographen exakt wieder und enthalten mitunter weitere Diskrepanzen. Im Klavierauszug heben sich Ergänzungen und Korrekturen des Herausgebers nicht vom normalen Druckbild ab, sind aber in der Partitur gekennzeichnet oder im kritischen Bericht vermerkt. Aufführungspraktische Probleme werden in dem Vorwort zur Partitur ausführlich erörtert, aber einige

Punkte, die für die Sänger von Belang sind, werden auch hier geklärt.

Gelegentlich schreibt Weber in einem Gesangspart einen Bindebogen über zwei Noten mit unterschiedlichen Textsilben (z.B. Gloria T.114, Benedictus T.16, Agnus Dei T.11). Das könnte ein Versehen, aber es könnte auch als Notationsform für *Portamento*, jedoch nicht unbedingt für extremes Glissando gedacht sein. Ähnliche Bögen über zwei Silben gibt es im Autographen des "Freischütz" und ziemlich oft auch in den Handschriften Rossinis, der sie allem Anschein nach ganz bewußt so notiert.

Webers dynamische Angaben sind unlogisch: Auch wenn eindeutig keine Abstufung beabsichtigt ist, schreibt er häufig sowohl *forte* als auch *fortissimo* oder sowohl *piano* als auch *pianissimo* vor. Des öfteren verzichtet er auf dynamische Anweisungen, die eigentlich unentbehrlich sind, oder wiederholt sie überflüssigerweise. In zahlreichen Passagen, in denen das Orchester die Gesangsparts verdoppelt, sind die Instrumental- aber nicht die Vokalstimmen dynamisch bezeichnet. Unnötiges Wiederholen von *f* oder *ff* mag gelegentlich bedeuten, daß Weber einen einzelnen Part aus dem Gesamtklang hervorzutreten wünscht, oder so eine bestimmte Intensität erwirken möchte. Manchmal gibt er in einer Fortissimopassage widersinnigerweise ein Forte an, wohl um noch einmal nachdrücklich auf die Dynamik des Parts hinzuweisen.

Daß Weber es nicht mochte, wenn Sänger die Melodielinie durch improvisierte Verzierungen störten, ist gut dokumentiert. Jedoch hat sich seine Abneigung wohl eher gegen Überornamentierung als gegen jedwede Abweichung vom Notentext gerichtet, und stillschweigend wird er die damals selbstverständliche Praxis akzeptiert haben, bestimmte Tonwiederholungen durch Appoggiaturen zu verzieren (z.B. Benedictus Takt 13 und 29), ob durch kleingedruckte Noten angedeutet oder nicht (wie in Benedictus Takt 31). Eine Auszierung bzw. eine Kadenz hat er offenbar an zwei Stellen erwartet (Offertorium Takt 41 und Benedictus Takt 33), die ungefähr so klingen müßten:

Wie die meisten Komponisten seiner Zeit ist Weber bei kleingedruckten Ornamenten unpräzise. Obwohl häufig so gemeint, muß ein durchgestrichenes Achtel nicht immer nur den Wert einer ganz kurzen Note haben. Alle kurzen, als Vorschläge notierten Verzierungen bis zu Doppelschlägen mit drei Tönen werden wahrscheinlich auf die Zählzeit der Hauptnote gespielt oder gesungen, so wie es dem Prinzip bei Webers Lehrer Vogler entspricht. Realisierungshinweise wurden dem Notentext als Fußnoten hinzugefügt.

Wie in der Einleitung zur Partitur erörtert, scheint Weber kein Continuo vorgesehen zu haben, wenngleich das damals bei Kirchenmusik immer noch üblich war. Das Arrangement für ein Tasteninstrument ist in erster Linie für Klavier und als Probenstütze gedacht. Sollte kein Orchester zur Verfügung stehen, kann die Messe auch mit Orgelbegleitung zufriedenstellend aufgeführt werden. Der Organist sollten dann nach eigenem Ermessen die vorgegebene Transkription entsprechend den Pedalmöglichkeiten einrichten und erweitern. Die vollständige Einleitung, der kritische Bericht und genaue Quellenangaben sind der Partitur zu entnehmen.

Clive Brown

Deutsche Übersetzung: Eike Wernhard

Mass in E♭ / Messe in Es
J224

Edited by / *herausgegeben von*
Clive Brown

CARL MARIA VON WEBER
(1786-1826)

Kyrie

4

8

* See footnote p.3
Siehe Fußnote S.3

Gloria

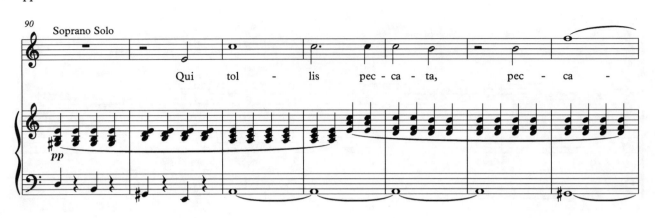

20

Credo

24

* Offertorium
J226

34

Sanctus

Benedictus

Agnus Dei

* do - na no - bis____